Títulos de No Ficción de Janvier T.Chando

ÍCONOS Y VILLANOS: Los Asesinatos Políticos Recientes que Transformaron...
HÉROES CAÍDOS: Líderes Africanos Cuyos Asesinatos Desarraigaron...
CAMEROUN: El Sistema Disfuncional de Francia en África…
UCRANIA: El Tira y Afloja entre Rusia y Occidente
CAMERÚN: El Corazón Embrujado de África

Títulos de Ficción de Janvier Chando

El Usurpador: y Otras Historias
Triple Agente, Doble Cruz
Discípulos de Fortuna
La Unión Moujik
Cometas Espléndidos
Destello del Sol
Llamadas de Fortuna
Maestro de la Fortuna
Los Niños de la Fortuna
Estar Enamorado y Ser Sabio
La Leyenda del Fuego y el Hielo
La Locura mas Dulce
Las Abuelas
El Fuego del Hambre
Las Sombras de Fuego
Padre e Hijos
El Doctor
Sombras Oscuras
Lazos Fatídicos
El Veredicto de Hades
El Juicio de Su Majestad
La Locura de Ngoko
El Usurpador
La Dote
Soy Odiado
El Patán

Próximos Títulos de Janvier Chando

Los Vagabundos Caseros
Los Amigos Mortales
Los Osos de Norilsk
El Halcón Blanco

UNA MUERTE EN GINEBRA QUE PUSO UNA NACIÓN EN UN COMA Y AFRICA TRAUMATIZADA:

El Asesinato de Félix-Roland Moumié y la Liberación Inacabada de Camerún

Janvier T. Chando

TISI BOOKS

NUEVA YORK, RALEIGH, LONDRES, AMSTERDAM

PUBLICADO POR TISI BOOKS

ISBN-13: 978-1-7085-2854-6

ISBN-10: 1-7085-2854-7

PUBLICADO POR TISI BOOKS

www.tisibooks.com

NUEVA YORK, RALEIGH, LONDRES, AMSTERDAM

Impreso en los Estados Unidos de América

Reconocimiento

Palabras especiales de agradecimiento a Idris Mbebwo Doh con quien discutimos el legado de Moumie.

DEDICACIÓN

El libro está dedicado a todos los líderes icónicos y legendarios cuyos propósitos eran servir a la humanidad y promover el bienestar del género humano, especialmente aquellos cuyas vidas fueron acortadas en sus misiones históricas por las fuerzas malignas de este mundo.

UNA MUERTE EN GINEBRA QUE PUSO UNA NACIÓN EN UN COMA Y AFRICA TRAUMATIZADA:

El Asesinato de Félix-Roland Moumié y la Liberación Inacabada de Camerún

CONTENIDO

Citas

"Si luchamos hasta la muerte contra una integración arbitraria de nuestro país en el Imperio colonial Francés, es porque queremos seguir siendo los defensores conquistadores del derecho de los pueblos a la autodeterminación. Estamos así, al servicio de Kamerun y África ... somos los verdaderos artesanos de la distensión internacional. Como nacionalistas revolucionarios, estamos luchando para realizar para el Kamerun y solo para él, una verdadera "Independencia" nacional con la "Unificación" como condición previa, simultánea o consecutiva, pero nunca excluida."

Rubén Um Nyobè

"No estamos involucrados en esta lucha solo porque pensamos que desmantelaremos este sistema en el transcurso de nuestra vida. Esperamos que Camerún cambie mañana. Pero si no es así, nos alegrará saber que hicimos el terreno fértil para la próxima generación que pondrá fin a la podredumbre en este país, y luego estableceremos la "NUEVA Camerún."

Dr. Samuel F. Tchwenko, ex UPCista e ideólogo jefe de la histórica SDF de 1990-2002

"Un pueblo decidido a luchar por la libertad y la independencia es invencible."

Rubén Um Nyobè

"Camerún no es un país de esclavos que ningún hombre puede liberar."
Janvier Chouteu-Chando

"El enemigo no es quien te enfrenta con una espada en la mano, ese es el oponente. El enemigo es el que está detrás de ti con un cuchillo a la espalda.
Thomas Sankara

."... De vez en cuando, el mundo es bendecido con almas únicas que, aunque cargadas por sus cruces invisibles, todavía tienen la fuerza extraordinaria para seguir adelante en la vida y ayudar a los demás al mismo tiempo. A pesar de sus tribulaciones, la mayoría de nosotros cree que están bien. Incluso cuando el peso de sus cruces se vuelve insoportable, incluso cuando proceden sin aliento, aún nos cuesta entender que se están ahogando. De hecho, incluso los condenamos por no sacrificar más ... "
Janvier Chouteu-Chando, "Discípulos de la Fortuna"

"La independencia política no tiene sentido si no va acompañada de un rápido desarrollo económico y social."
Patrice Lumumba

"Lo peor que hizo el colonialismo fue nublar nuestra visión de nuestro pasado."

Barack Obama

"Hasta que los leones tengan sus propios historiadores, la historia de la caza siempre glorificará al cazador."

Chinua Achebe

"Los personajes de nuestras otras vidas son fantasmas que la literatura está reviviendo."

Olivier Weber

MAPAS

Camerún en un Mapa del Mundo

Mapa de Partición de África: 1884-1914

La independencia de los países africanos

Mapa Político de los Países Africanos

Camerún a lo Largo del Tiempo

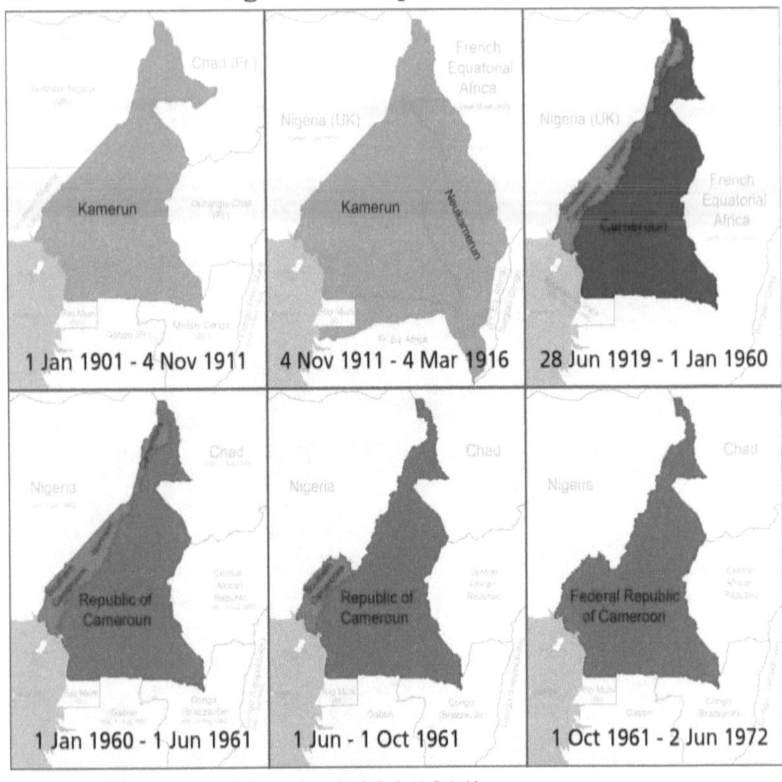

1. Kamerun Alemán (1884-1911)
2. Kamerun Alemán (1911-1916)
3. Camerún Británico y Camerún Francés: 1916-1960
4. Camerún Británico y la República de Camerún (1960-1961)
5. Camerún británico del Sur y la República de Camerún (1960-1961)
6. Camerún reunido / independiente hoy.

Mapa Administrativo de Camerún (2019)

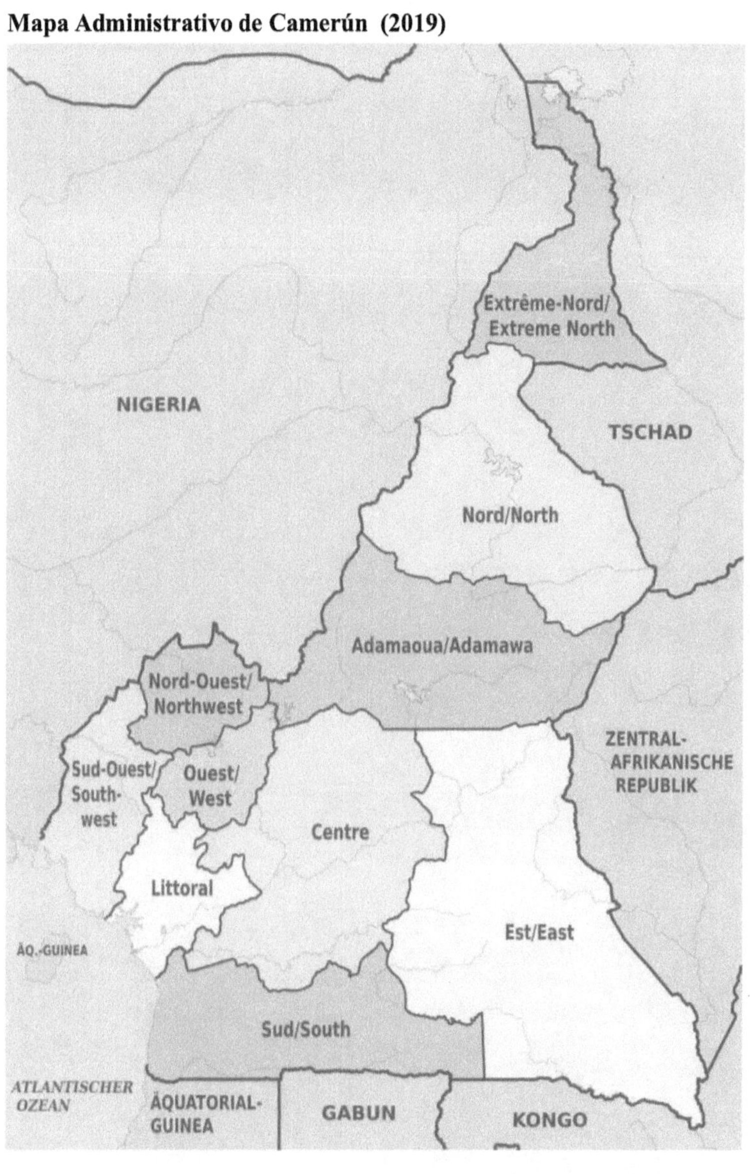

INTRODUCCIÓN

En mi búsqueda de la respuesta a por qué existen ciertos puntos críticos geopolíticos en el mundo, en mi búsqueda de la (s) razón (es) por las que algunos países y el mundo en general experimentaron cambios repentinos y dramáticos que llevaron a la guerra, la inestabilidad o una reorientación de sus Las políticas nacionales y extranjeras que no solo afectaron a estos países sino que también influyeron en ciertas regiones o en todo el mundo, exploré los asesinatos políticos en las últimas docenas de décadas que cambiaron nuestro mundo. Por nuestro mundo, quiero decir nuestras comunidades, países, regiones y la humanidad en general.

Al tratar los diferentes asesinatos que tuvieron lugar a lo largo de los años, utilicé un enfoque caracterizado por la sociología política, donde analicé sucintamente los factores históricos y sociales que no solo condujeron a los asesinatos, sino que también surgieron del asesinato de estas figuras históricas. Y a partir de estos factores, se nos presenta una idea o imágenes de cómo la sociedad afectada ha evolucionado desde los eventos traumáticos.

A partir de las reacciones violentas que siguieron al asesinato de figuras históricas, legendarias o icónicas, podemos aprender algo útil y crear escenarios o qué esperar como calamidades si líderes particulares son asesinados, y así actuar en consecuencia para evitar sus asesinatos.

Capítulo Uno

Félix-Roland Moumié

Félix Moumié

Líderes de la UPC (de izquierda a derecha) en primera fila: Castor Osendé Afana, Abel Kingué, Ruben Um Nyobé, Félix Moumie y Ernest Ouandié

Nacido en 1926, Félix-Roland Moumié fue un líder Camerunés anticolonialista y Pan-Áfricanista. Su asesinato en Ginebra el 3 de Noviembre de 1960 por William Bechtel del SDECE (Servicio Secreto Francés) con talio se considera el crimen más descarado cometido por el servicio secreto Francés en el extranjero, y quizás el mayor golpe sufrido por los nacionalistas cívicos de Camerún, luchando por la liberación de la tierra del control neocolonial Francés.

El Dr. Félix-Roland Moumié fue el jefe de la UPC (*Union des Populations du Cameroun*, también llamada *Union du Peuple Camerounais* — "Unión de las Poblaciones de Camerún") de 1958 a 1960. La UPC fue el primer partido político histórico en emerger de los territorios de la antigua colonia alemana de Kamerun. Fundada en 1948, la UPC operaba tanto en Camerún Francés como en Camerún Británico—que eran territorios fiduciarios de las Naciones Unidas que surgieron del antiguo Kamerun Alemán de 1884-1916 después de su partición entre Gran Bretaña y Francia según lo acordado en el Tratado de Versalles del 28 de Junio de 1919 — El más importante de los tratados de paz que cerraron la Primera Guerra Mundial formalizando el fin del estado de guerra entre Alemania y las Potencias Aliadas. El objetivo principal del partido era la reunificación e independencia de Camerún Británico y Camerún Francés, territorios fiduciarios que fueron los sucesores de los mandatos de la Liga de las Naciones, y que surgió cuando la Liga de las Naciones dejó de existir en 1946, y lo reemplazó con la organización de las Naciones Unidas.

Capítulo Dos

La administración fiduciaria Francesa prohibió a la UPC en 1955, acusándola de fomentar disturbios civiles, lo que obligó al partido al exilio en el verano de 1955. Sin embargo, la UPC resurgió en 1956 y desafió a Francia a través de los medios internacionales. Las autoridades coloniales británicas también prohibieron la UPC en Camerún Británico en 1958, forzando así a la mayoría de su liderazgo que escapó de Camerún Francés y buscó refugio en Camerún Británico, para huir a Egipto, Ghana, China y otros países que apoyaban la causa Camerunesa por su reunificación e independencia.

Rubén Um Nyobé, líder del partido y Secretario General; Ernest Ouandié y Abel Kingué, los dos vicepresidentes del partido; y Félix Moumié se comprometió a continuar con la lucha por la reunificación e independencia de Camerún Francés y Camerún Británico, a pesar de la resolución de Francia de dividir y gobernar a los pueblos del antiguo Kamerun Alemán. Después de todo, la UPC contó con el apoyo de la mayoría de la gente de Camerún Francés, y sus ramificaciones y partidos hermanos en Camerún Británico obtuvieron el apoyo del electorado allí. De hecho, más del 80% de los Cameruneses educados apoyaron al partido y su causa para la reunificación e independencia de las tierras del antiguo Kamerun Alemán.

Sin embargo, el partido recibió su primer gran trauma cuando tres años después de la prohibición, en un momento en que algunos expertos comenzaban a pensar que Francia permitiría que el partido comenzara a operar nuevamente como una entidad política legal, las fuerzas de seguridad de la administración fiduciaria Francesa asesinó al primer líder histórico de la UPC, Rubén Um Nyobé, el 13 de Septiembre de 1958, cerca de su pueblo natal de Boumnyebel en la tierra de Bassa.

Capítulo Tres

El asesinato de Félix Moumié sería seguido tres meses después por el horrible asesinato de Patrice Lumumba del ex Congo Belga. La muerte de estos dos cívico-nacionalistas Africanos con una visión Pan-Áfricanista sería seguida por una sangrienta represión de la resistencia popular a los regímenes neocoloniales en sus respectivos países.

Con la ejecución del sucesor de Félix Moumié, Ernest Ouandie, en Enero de 1971, la contraofensiva neocolonial contra los movimientos anticolonialistas en el corazón de África habría terminado, lo que significaría la victoria para las fuerzas neocoloniales. Esta nueva realidad tendría consecuencias desastrosas no solo en la región centro Áfricana sino en toda África. El África subsahariana

Francófona no se ha atrevido a oponerse al neocolonialismo Francés desde la derrota del nacionalismo cívico Camerunés y la imposición por parte de Francia de un sistema de control mafioso sobre sus antiguas colonias que utiliza títeres Franceses que no son responsables ante su pueblo.

La muerte de Félix Moumié, la retención de la prohibición Francesa de la UPC, la expulsión de la UPC en 1958 de Camerún Británico y el regreso al poder en Francia de la leyenda Francesa y el neocolonialista general Charles De Gaulle hicieron realidad el sueño Kameruniano de la reunificación, independencia y desarrollo parecen imposibles. Sin embargo, las retoños de la UPC en Camerún Británico y los nacionalistas cívicos Caruneses en el sur de Camerún Británico realizaron el sueño de la reunificación al defender la campaña en el referéndum patrocinado por las Naciones Unidas para la votación para reunir al sur de Camerún Británico con la República de Camerún de un año de antigüedad, el ex Camerún Francés que obtuvo su independencia el 1 de Enero de 1960 bajo el gobierno anti-UPC del títere Francés Ahmadou Ahidjo.

De hecho, aunque con armamento inferior, la UPC dirigió una campaña guerrillera efectiva que, a fines de 1959, limitó el control Francés completo en el sur del país solo a las ciudades y pueblos, dejando las aldeas y el campo bajo el control de la UPC. Y dado que el Acuerdo de Administración Fiduciaria de la ONU estableció un límite para la cantidad de tropas que el ejército Francés podría tener en el territorio, Francia decidió precipitar la concesión de la independencia al Camerún Francés.

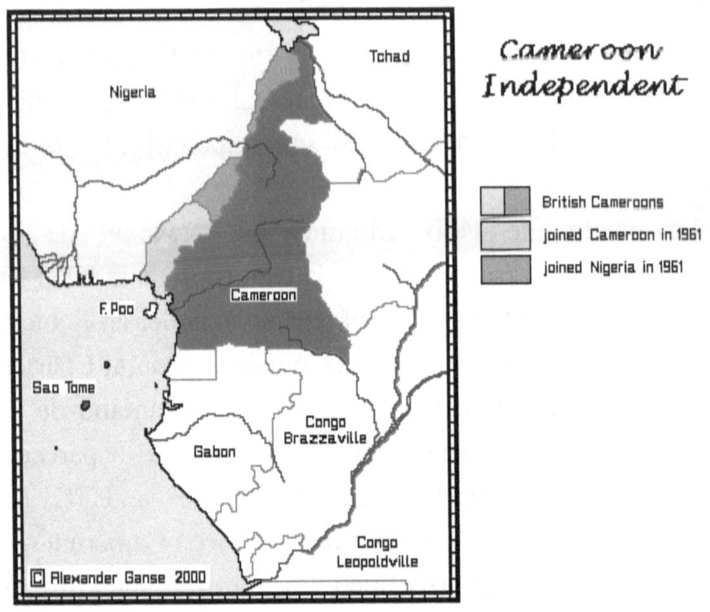

British Cameroons= Camerún Británico
Joined Cameroun in 1961= Se unió a la República de Camerún
(el ex Camerún Francés) en 1961 (reunificación)
Joined Nigeria in 1961= Se unió a Nigeria en 1961

11-12 de Febrero de 1961 Plebiscito de Camerún Británico
Puntos principales: Se preguntó a los votantes si querían unirse con
Nigeria o Camerún cuando se concede la independencia a las dos
regiones.

Camerún Británico del Norte
Votantes registrados   292,985
Total de votos   No disponible (NO
(participación electoral) ESTÁ)
Votos inválidos/en   No disponible
blanco
Total de votos válidos   243,955
Camerún Británico del Sur
Votantes registrados   349,652
Total de votos   No disponible (NO

(participación electoral)ESTÁ)

Votos inválidos/en blanco	No disponible
Total de votos válidos	331,312

Resultados	Camerún del Norte		Camerún del Sur	
	Número de votos	**% de votos**	**Número de votos**	**% de votos**
Unión con la Federación de Nigeria	146,296	59.97%	97,741	29.50%
Unión con la República de Camerún	97,659	40.03%	233,571	70.50%

Sin embargo, Francia otorgó la independencia al Camerún Francés el 1 de Enero de 1960 bajo su marioneta Ahmadou Ahidjo, y al mismo tiempo obligó a Ahidjo a firmar un pacto secreto con Francia, un acuerdo con componentes económicos, políticos y militares que, entre otras cosas, permitieron a Francia multiplique el número de tropas Francesas que había estacionado en el antiguo Camerún Francés, llamado la República de Camerún a partir de entonces. El ejército Francés reforzaría su presencia en la tierra al aumentar el número de sus soldados y equipos allí, y al acelerar el reclutamiento y entrenamiento de un ejército Camerunés local liderado por los Franceses. Estos ejércitos Franco-Cameruneses derrotarían a los insurgentes en sus principales fortalezas en la tierra de Bassa en 1960 y en la tierra de Bamileke desde 1962-1964, al infligir grandes pérdidas a la UPC y a las poblaciones civiles a través de su bombardeo indiscriminado de los campamentos guerrilleros y civiles comunidades, una política de tierra arrasada en sí misma que algunos historiadores y varios expertos consideran un genocidio liderado por Francia contra ciertas fuerzas y poblaciones de áreas de Camerún que se opusieron a los planes neocolonialistas de Francia para Camerún.

En 1965, la UPC se dio cuenta de que ya no podía ganar el conflicto armado contra el ejército Francés y el ejército Camerunés que Francia creó para el régimen títere Ahmadou Ahidjo. Los esfuerzos prevaricados para lograr la paz a través de conversaciones de paz atraerían al sucesor de Félix Moumié, Ernest Ouandie, fuera de la selva, lo que llevaría a su rendición/captura, y luego a la ejecución en Enero de 1971, terminando así la lucha armada de la UPC contra Francia por la reunificación, independencia y libertad de los territorios del antiguo Kamerun Alemán, un conflicto que resultó en la muerte de más de medio millón de vidas Camerunesas en lo que algunos expertos ven como "Liberación Incompleta de Camerún", ya que aquellos y los herederos de aquellos que hicieron campaña y lucharon por la reunificación y La independencia de Camerún han estado impedida del poder en el país desde entonces.

Capítulo Cuatros

El asesinato de Félix Moumié sería seguido tres meses después por el horrible asesinato de Patrice Lumumba del ex Congo Belga. La muerte de estos dos cívico-nacionalistas Africanos con una visión Pan-Áfricanista sería seguida por una sangrienta represión de la resistencia popular a los regímenes neocoloniales en sus respectivos países.

Con la ejecución del sucesor de Félix Moumié, Ernest Ouandie, en Enero de 1971, la contraofensiva neocolonial contra los movimientos anticolonialistas en el corazón de África habría terminado, lo que significaría la victoria para las fuerzas neocoloniales. Esta nueva realidad tendría consecuencias desastrosas no solo en la región centro Áfricana sino en toda África. El África subsahariana Francófona no se ha atrevido a oponerse al neocolonialismo

Francés desde la derrota del nacionalismo cívico Camerunés y la imposición por parte de Francia de un sistema de control mafioso sobre sus antiguas colonias que utiliza títeres Franceses que no son responsables ante su pueblo.

La muerte de Félix Moumié, la retención de la prohibición Francesa de la UPC, la expulsión de la UPC en 1958 de Camerún Británico y el regreso al poder en Francia de la leyenda Francesa y el neocolonialista general Charles De Gaulle hicieron realidad el sueño Kameruniano de la reunificación, independencia y desarrollo parecen imposibles. Sin embargo, las retoños de la UPC en Camerún Británico y los nacionalistas cívicos Cameruneses en el sur de Camerún Británico realizaron el sueño de la reunificación al defender la campaña en el referéndum patrocinado por las Naciones Unidas para la votación para reunir al sur de Camerún Británico con la República de Camerún de un año de antigüedad, el ex Camerún Francés que obtuvo su independencia el 1 de Enero de 1960 bajo el gobierno anti-UPC del títere Francés Ahmadou Ahidjo.

De hecho, aunque con armamento inferior, la UPC dirigió una campaña guerrillera efectiva que, a fines de 1959, limitó el control Francés completo en el sur del país solo a las ciudades y pueblos, dejando las aldeas y el campo bajo el control de la UPC. Y dado que el Acuerdo de Administración Fiduciaria de la ONU estableció un límite para la cantidad de tropas que el ejército Francés podría tener en el territorio, Francia decidió precipitar la concesión de la independencia al Camerún Francés.

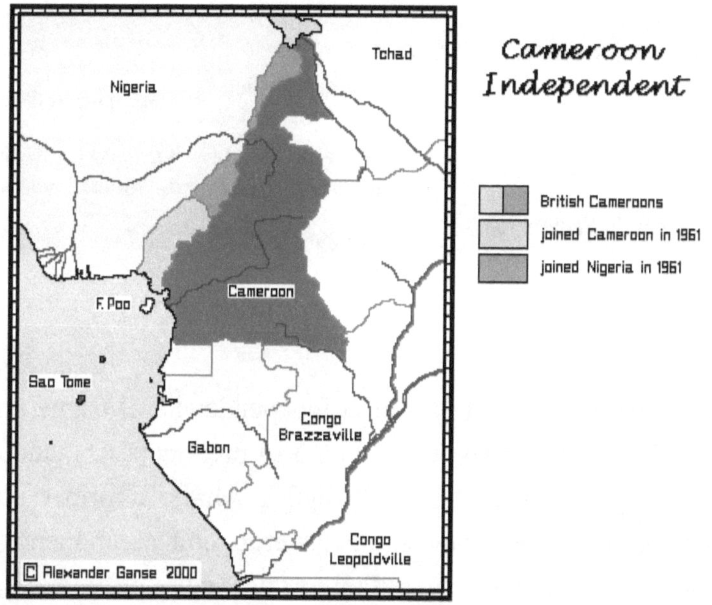

British Cameroons= Camerún Británico
Joined Cameroun in 1961= Se unió a la República de Camerún
(el ex Camerún Francés) en 1961 (reunificación)
Joined Nigeria in 1961= Se unió a Nigeria en 1961

11-12 de Febrero de 1961 Plebiscito de Camerún Británico
Puntos principales: Se preguntó a los votantes si querían unirse con
Nigeria o Camerún cuando se concede la independencia a las dos
regiones.

Camerún Británico del Norte
Votantes registrados   292,985
Total de votos   No disponible (NO
(participación electoral) ESTÁ)
Votos inválidos/en   No disponible
blanco
Total de votos válidos   243,955
<u>Camerún Británico del Sur</u>
Votantes registrados   349,652
Total de votos   No disponible (NO
(participación electoral) ESTÁ)
Votos inválidos/en   No disponible

blanco
Total de votos válidos   331,312

Resultados	Camerún del Norte		Camerún del Sur	
	Número de votos	**% de votos**	**Número de votos**	**% de votos**
Unión con la Federación de Nigeria	146,296	59.97%	97,741	29.50%
Unión con la República de Camerún	97,659	40.03%	233,571	70.50%

Sin embargo, Francia otorgó la independencia al Camerún Francés el 1 de Enero de 1960 bajo su marioneta Ahmadou Ahidjo, y al mismo tiempo obligó a Ahidjo a firmar un pacto secreto con Francia, un acuerdo con componentes económicos, políticos y militares que, entre otras cosas, permitieron a Francia multiplique el número de tropas Francesas que había estacionado en el antiguo Camerún Francés, llamado la República de Camerún a partir de entonces. El ejército Francés reforzaría su presencia en la tierra al aumentar el número de sus soldados y equipos allí, y al acelerar el reclutamiento y entrenamiento de un ejército Camerunés local liderado por los Franceses. Estos ejércitos Franco-Cameruneses derrotarían a los insurgentes en sus principales fortalezas en la tierra de Bassa en 1960 y en la tierra de Bamileke desde 1962-1964, al infligir grandes pérdidas a la UPC y a las poblaciones civiles a través de su bombardeo indiscriminado de los campamentos guerrilleros y civiles comunidades, una política de tierra arrasada en sí misma que algunos historiadores y varios expertos consideran un genocidio liderado por Francia contra ciertas fuerzas y poblaciones de áreas de Camerún que se opusieron a los planes neocolonialistas de Francia para Camerún.

En 1965, la UPC se dio cuenta de que ya no podía ganar el conflicto armado contra el ejército Francés y el ejército Camerunés que Francia creó para el régimen títere Ahmadou Ahidjo. Los esfuerzos prevaricados para lograr la paz a través de conversaciones de paz atraerían al sucesor de Félix Moumié, Ernest Ouandie, fuera de la selva, lo que llevaría a su rendición/captura, y luego a la ejecución en Enero de 1971, terminando así la lucha armada de la UPC contra Francia por la reunificación, independencia y libertad de los territorios del antiguo Kamerun Alemán, un conflicto que resultó en la muerte de más de medio millón de vidas Camerunesas en lo que algunos expertos ven como "Liberación Incompleta de Camerún", ya que aquellos y los herederos de aquellos que hicieron campaña y lucharon por la reunificación y La independencia de Camerún han estado impedida del poder en el país desde entonces.

Capítulo Cincos

Los Cameruneses de la parte de habla inglesa del Camerún reunido pronto se dieron cuenta de que habían sido engañados y subyugados por Francia y su marioneta, como las poblaciones derrotadas y sometidas de la parte de habla Francesa del país, y que ahora también estaban bajo el control de El yugo sofocante de un sistema impuesto por Francia y administrado por la dictadura del títere Francés Ahmadou Ahidjo. Paul Biya, otra marioneta Francesa y sucesor de Ahmadou Ahidjo de las órdenes de Francia, ha estado en el poder desde 1982 y ha exacerbado aún más la asfixia de Camerún. Casi sesenta años después, Camerún todavía está bajo el control de las fuerzas anti-UPC que Francia puso en el poder — estos son Cameruneses que no desempeñaron ningún papel, ni moderados ni radicales, en la lucha nacionalista por la reunificación e independencia de la tierra. De hecho, Francia ayudó a sus títeres a establecer un estado policial para imponer su gobierno, lo que explica por qué Camerún nunca ha experimentado el gobierno bajo un jefe de estado que es o fue la elección de la gente.

La mafia continúa. El país que encarna el espíritu audaz de África todavía está en manos de las fuerzas que estaban en contra de su búsqueda de liberación, desarrollo y asociación con otras fuerzas progresistas del mundo.

Los asesinatos de Rubén Um Nyobé, Félix Moumié, Patrice Lumumba, Castor Osendé Afana, Ernest Ouandie y decenas de miles de nacionalistas cívicos Congoleños y Cameruneses fueron, después de todo, una exitosa campaña de los poderes neocoloniales para destruir el auténtico desarrollo independiente de África, porque la derrota de los movimientos anticoloniales en estos países debilitaron el impulso Pan-Áfricanista para crear una unión económica Áfricana e integrar el continente políticamente. A pesar de cualquier indicio o expectativa de lo contrario, el Camerún de Nyobe/Moumié/Ouandie que nunca se realizó, y el Congo de Lumumba que no pudo ser, habría estado en el centro geográfico, económico y político de la Unión Áfricana esa sigue siendo la visión de muchos Africanos progresistas que esperan ver que el continente se asegure un lugar de respeto en el creciente mundo multipolar.

Los Recursos Naturales de la Región Centro-Áfricana

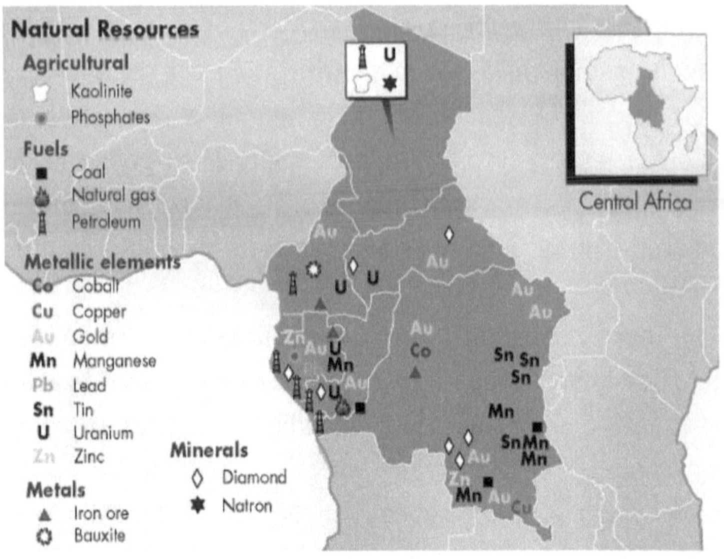

Hoy, el sarcófago de Félix Moumié sigue desaparecido en lo que fue su lugar de descanso en el cementerio de Conakry, Guinea. Albert Kingue todavía está enterrado en El Cairo, Egipto. Rubén Um Nyobé, Ernest Ouandie, Castor Osendé Afana y los otros líderes de la UPC asesinados por las fuerzas de Franco-Ahidjo son apenas reconocidos, y mucho menos honrados en los anales de la historia de Camerún, a pesar de que sus nombres adornan las calles y las infraestructuras en otros países de África y el mundo.

Seis décadas después, los Cameruneses que se alzan para desafiar al estado de la mafia, todavía ven a Félix-Roland Moumié y a los otros líderes históricos nacionalistas de la Unión que fueron asesinados, exiliados o socavados por Francia y los títeres que impuso en el país, como las fuerzas para emular en su intento de desmantelar el sistema que Francia impuso al pueblo Camerunés contra sus intereses y contra su bienestar. El sistema y su establecimiento político autoritario está liderado por Paul Biya hoy, un títere impuesto por Francia al pueblo de Camerún. El segundo presidente Camerunés ha estado en el poder durante cuarenta y siete años (treinta y siete años como presidente o jefe de estado desde 1982, y diez años como primer ministro del único país de África donde su jefe de estado nunca ha sido la elección del personas, sino más bien una imposición de neocolonialistas).

Índice de Democracia: África y el Mundo

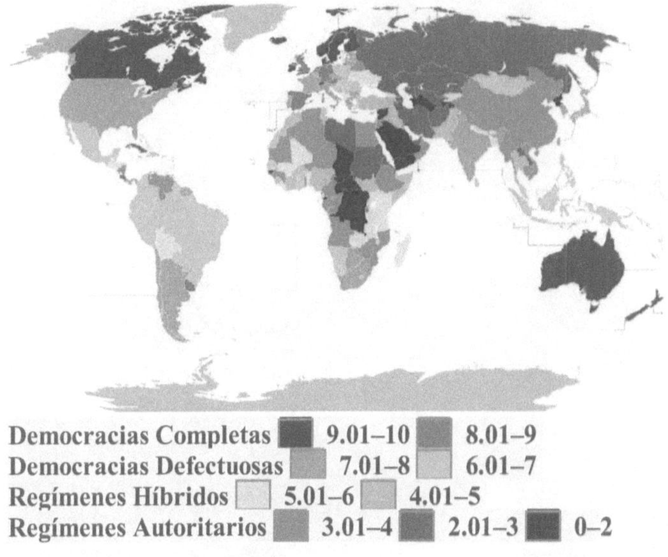

Mapa Político de los Países Africanos

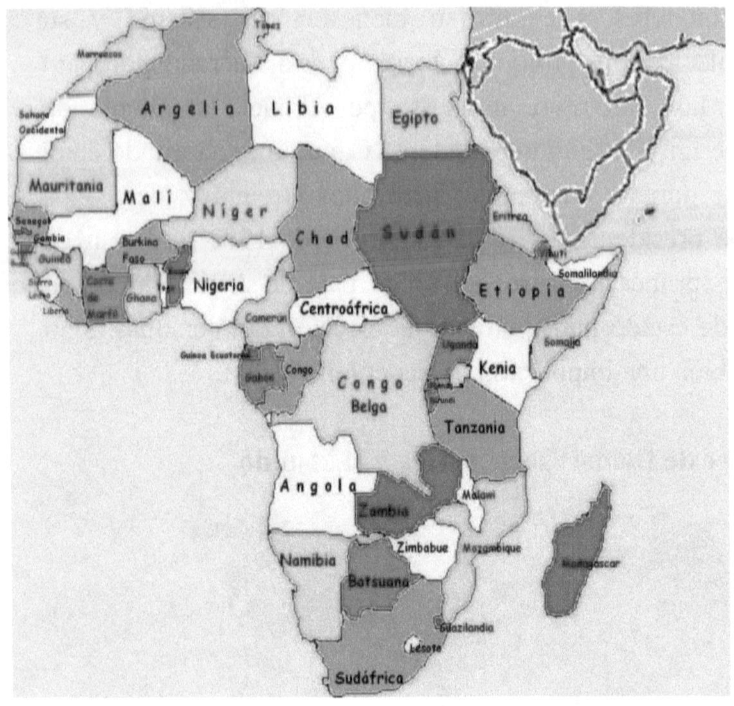

Túnez
Marruecos
Sahara Occidental
Argelia
Libia
Egipto
Mauritania
Malí
Níger
Senegal
Gambia
Guinea
Burkina Faso
Sierra Leona
Liberia
Costa de Marfil
Ghana
Togo
Nigeria
Camerún
Chad
Sudán
Eritrea
Yibuti
Somalilandia
Etiopía
Centroáfrica
Guinea Ecuatorial
Gabón
Congo
Uganda
Ruanda
Burundi
Somalia
Kenia
Congo Belga
Tanzania
Angola
Zambia
Malawi
Zimbabue
Mozambique
Madagascar
Namibia
Botsuana
Suazilandia
Lesoto
Sudáfrica